Angelika Massenkeil, Pammi Panesar

Serviettentechnik
rund ums Jahr

ENGLISCH VERLAG

Die Deutsche Bibliothek - CIP-Einheitsaufnahme

Serviettentechnik rund ums Jahr / Angelika Massenkeil, Pammi Panesar. – Wiesbaden: Englisch, 2000
ISBN 3-8241-1054-7

© by Englisch Verlag GmbH, Wiesbaden 2000
ISBN 3-8241-1054-7
Alle Rechte vorbehalten. Nachdruck, auch auszugsweise, verboten.
Fotos: Frank Schuppelius
Herstellung: Michael Feuerer
Printed in Spain

Inhaltsverzeichnis

Vorwort

Schöne Servietten gibt es in Hülle und Fülle, und Gegenstände, die man immer schon einmal umgestalten wollte, finden sich in jedem Haushalt. So haben wir ein für den Sperrmüll ausrangiertes Tablett mit schönen Herbstblättern gestaltet und aus übriggebliebenen Kacheln dekorative Wandbilder gemacht.

Spezialfarbe für Servietten macht es möglich, alten und neuen Gebrauchs- und Dekorationsgegenständen ein völlig neues Gesicht zu geben. Aus schlichten Terrakottatöpfen werden Töpfe im Landhausstil, und aus einfachen Spanschachteln werden kunstvolle Geschenkverpackungen. Mit ein wenig Acrylfarbe und einer schönen Serviette zaubert man ein schönes Geschenk, und für diese Materialien gibt es viele Anwendungsmöglichkeiten.

Viel Freude beim Basteln wünschen
Angelika Massenkeil und Pammi Panesar

5

Material und Werkzeug

Servietten
Papierservietten werden im Handel in vielen Farben und Mustern angeboten. Bei der Auswahl der Serviette sollte bedacht werden, dass sich großformatige Muster gut für Bilder und größere Objekte eignen, kleine Muster, wie Streublümchen, eignen sich eher für schmale Gegenstände, beispielsweise für eine Hakenleiste oder Kleiderbügel. Wir haben Servietten von verschiedenen Herstellern verarbeitet.

Spezialfarbe zum Aufbringen von Servietten
Die Spezialfarbe für Servietten wird von verschiedenen Herstellern angeboten. Mit ihr kann man Servietten auf Gegenständen aus Holz, Terrakotta, Metall und Glas aufbringen. Mit einigen Spezialfarben lassen sich sogar Baumwollstoffe dekorieren, die bei 30 Grad Celsius gewaschen werden können.

Acrylfarben
Der zu beklebende Gegenstand kann vorher mit Acrylfarbe farblich passend zur Serviette gestrichen werden. Sie können preiswerte Acrylfarbe, die man auch zum Abtönen von Wänden verwendet, oder spezielle Acrylfarben zum Basteln dafür benutzen.

Krakellemedium oder Reißlack
Durch Reißlack erhält ein Gegenstand ein antikes Aussehen.

Weiterhin benötigen Sie:
✦ eine Papierschere und eine kleine spitze Schere
✦ Borstenpinsel und einfache Schwammstücke zum Auftragen der Acrylfarben
✦ weicher breiter Haarpinsel zum Auftragen der Spezialfarbe

Die einzelnen Gegenstände können außerdem mit Schleifenbändern, textilen Blüten und Aufschriften mit Hilfe eines wasserfesten Filzstiftes verschönert werden. Genaue Materialangaben finden Sie bei der Bastelanleitung der einzelnen Gegenstände.

Grundanleitung

Streichen der Gegenstände
Sicherlich finden Sie in Ihrem Haushalt einige Gegenstände, die Sie mit der Serviettentechnik verschönern und aufpeppen können. Sofern der Gegenstand eine dunkle Farbe aufweist oder bereits mit einem Muster versehen ist, muss er zunächst in einem farblich passenden hellen Farbton gestrichen werden. Wir haben die Erfahrung gemacht, dass fast alle Serviettenmotive auf einem hellen Untergrund am besten zur Geltung kommen, da man ja nur

die oberste durchscheinende Serviettenlage aufklebt. Gegenstände aus Naturholz und Glas benötigen keinen aufhellenden Anstrich.

Bei einem Grundanstrich sollte man beachten, dass ein sehr heller Hintergrund, beispielsweise reines Weiß, sehr hart wirkt. Tupft man jedoch einen dunkleren Farbton in die weiße Farbe, wird die Härte gebrochen, und man erhält zusammen mit dem Serviettenmotiv einen harmonischen Gesamteindruck. Die meisten Gegenstände haben wir zunächst mit weißer Acrylfarbe grundiert und mit einem Schwamm einen anderen Farbton in die weiße Farbe getupft. Dabei gibt man einen Klecks dunklerer Farbe auf einen Pappteller oder eine alte Fliese, drückt den Schwamm kurz hinein und tupft den Schwamm in die nasse weiße Farbe. Sehr reizvoll kann es aussehen, wenn man mit einem weiteren Schwammstück eine weitere Farbe auftupft. Bevor Sie die Spezialfarbe zum Fixieren der Serviettenmotive auftragen, muss die Grundierung ganz trocken sein.

Aufbringen der Serviette

Erster Schritt: Zuerst wird das Serviettenmotiv mit einer Papierschere ausgeschnitten. Bei vielen Motiven ist dies ganz einfach. Weist das Motiv einen unregelmäßigen Rand mit vielen Ecken und Kurven auf, wird das Schneiden schwieriger. Dann ist es leichter, wenn man das Motiv vorsichtig ausreißt. Dabei kann ruhig noch etwas vom Hintergrund zu sehen sein.

Zweiter Schritt: Da man nur die oberste Serviettenschicht benötigt, lösen Sie diese

von den Papierlagen ab. Das geht in der Regel problemlos, manchmal haften die oberen beiden Lagen allerdings fest zusammen, besonders wenn man Motive mit einem geprägten Rand ausschneiden will. Durch leichtes Reiben zwischen Daumen und Zeigefinger lässt sich mit etwas Geduld jedoch bald die obere Schicht abheben.

Dritter Schritt: Nun wird mit einem weichen Haarpinsel eine dünne Schicht der transparenten Spezialfarbe auf dem Untergrund aufgetragen. Das ausgeschnittene oder ausgerissene Serviettenmotiv wird auf die Farbe gelegt und mit der Hand von der Mitte her vorsichtig nach außen glattgestrichen. Dabei sollten Sie vorsichtig sein. Da die Serviettenschicht nur hauchdünn ist, zerreißt sie unter zu starkem Druck.

Vierter Schritt: Zum Abschluss streicht man erneut Spezialfarbe über das Motiv. Man setzt den weichen Pinsel in der Mitte des Motivs auf und streicht die Farbe nach außen. Dabei kann man kleine Fältchen glätten. Durch den zweiten Auftrag der Spezialfarbe ist die Serviette fest mit dem Gegenstand verbunden. Sofern der Gegenstand nicht draußen aufgestellt wird, benötigt er keine weitere Behandlung. Soll er im Freien platziert werden, sollte man ihn mit einem wetterfesten Klarlack überziehen.

Aufbringen der Serviette auf einem dunklen Untergrund

Ist der Untergrund dunkler als das Motiv, ist das Motiv nicht gut zu erkennen. Daher wird beispielsweise eine weiße Gans auf blauem Untergrund nur dann gut sichtbar, wenn die darunter liegende Flä-

che weiß übermalt wird. Nach dem Trocknen der weißen Farbe wird die Spezialfarbe aufgetragen und das Motiv platziert.

Reißlack- oder Krakelliertechnik

Um einem Gegenstand einen antiken Charakter zu verleihen, streicht man ihn zunächst mit einer Acrylfarbe. Nach dem Trocknen trägt man unter Beachtung der Herstellerangaben eine Schicht Reißlack auf, lässt diese trocknen und trägt eine hellere Acrylfarbe auf. Durch den Reißlack reißt die zuletzt aufgetragene Acrylfarbschicht auf. Es werden Risse sichtbar, durch die die erste Acrylfarbschicht hindurchscheint. Sind diese Farbschichten trocken, kann die Serviette aufgebracht werden. Wir haben die Erfahrung gemacht, dass die Reißlacktechnik auf Naturholz am besten zur Geltung kommt. Da die Farbe auf glatten Metall- und Keramikteilen nicht so gut einzieht, dauert der Trocknungsprozess hier viel länger, und die Farbschichten lassen sich nicht so gleichmäßig darauf verteilen.

Verzierungen

Gegenstände, die mit der Serviettentechnik dekoriert wurden, lassen sich noch weiter verzieren. Kachelbilder sehen beispielsweise sehr hübsch aus, wenn man sie mit farblich passenden Bändern und Trockenblumen verziert. Auch einfache Kästen lassen sich mit Bändern und Bordüren einfassen. Kleine Dekoholzstreuteile können das Bild abrunden.

Hinweis: Gegenstände aus Glas und Keramik, die mit Serviettentechnik dekoriert sind, lassen sich lediglich abwischen, sie sind nicht spülmaschinenfest.

Frühjahr

Tulpen

Material
- ✦ Gießkanne aus Metall
- ✦ Spezialfarbe in Transparent
- ✦ Tulpen als Serviettenmotiv

Anleitung

Schneiden Sie die Tulpen und die Laub-blätter aus Servietten aus. Es sollten genü-gend sein, um die Gießkanne großflächig zu bedecken. Mit einem weichen Pinsel tragen Sie eine dünne Schicht der transpa-renten Spezialfarbe auf. Heften Sie die aus-geschnittenen Motive auf den Untergrund, und streichen Sie sie von der Mitte aus zum Rand hin glatt. Tragen Sie nun über den Serviettenmotiven eine weitere Schicht Spezialfarbe auf. Gehen Sie dabei behut-sam vor, damit die Serviette nicht einreißt.

Blütenzauber

Material

+ Styroporkranz
+ 3 Rosen aus Textil
+ Schleifenband in Rosa, Weinrot, Transparent und Grün, je 60 cm lang sowie Band für die Aufhängung
+ Bouilliondraht in Gold
+ 3 Floristennadeln
+ Spanschachtel
+ Korkuntersetzer
+ Acrylfarbe in Beige
+ Spezialfarbe in Transparent
+ Rosen und Hortensien als Serviettenmotiv, unifarbene Serviette passend zum Rosenmotiv

Anleitung

Für den Styroporkranz reißen Sie einzelne große Rosenblätter und Laubblätter aus der Serviette heraus. Mit einem weichen Pinsel tragen Sie eine dünne Schicht der transparenten Spezialfarbe auf und legen auf diesen Untergrund die ausgerissenen Serviettenmotive. Sollte der ganze Kranz noch nicht bedeckt sein, reißen Sie aus einer unifarbenen Serviette kleine Stücke heraus und kleben diese leicht überlappend über die Rosenmotive. Strei-chen Sie zum Schluss Spezialfarbe über den gesamten Kranz. Gehen Sie hierbei vorsichtig vor, damit sich die Serviettenstücke nicht verschieben und nicht reißen. Mit Floristennadeln befestigen Sie die drei Rosen auf dem Kranz und binden die Schleifenbänder um die Stiele. Knoten Sie ein Band als Aufhängung um den Kranz.

Die Spanschachtel dekorieren Sie folgendermaßen: Schneiden Sie aus der Serviette mit Hortensienmotiv einen Kreis in der Größe Ihres Schachteldeckels aus. Außerdem benötigen Sie einen Streifen in der Größe des Schachtelrandes. Sollten Sie mit einem Streifen nicht einmal um Ihre Dose herumreichen, können Sie einen zweiten Streifen ansetzen. Tragen Sie Spezialfarbe auf dem gesamten Deckel auf, bringen Sie die Serviettenmotive an, und gehen Sie mit einer zweiten Schicht Spezialfarbe darüber.

Die Korkuntersetzer werden zunächst auf einer Seite mit beigefarbener Acrylfarbe gestrichen. Ist die Farbe getrocknet, tragen Sie Spezialfarbe auf und bringen die ausgeschnittenen Serviettenmotive an. Streichen Sie noch einmal mit Spezialfarbe über die Motive.

Sommer

Mediterranes Design

Material
- Blumenübertopf aus Terrakotta, viereckig
- Schüssel aus Keramik in Weiß
- Pokal aus Keramik in Hellbeige
- Tablett aus Holz
- Acrylfarbe in Weiß und Grün
- Spezialfarbe in Transparent
- Oliven als Serviettenmotiv

Anleitung
Der Untergrund von Übertopf, Schüssel und Pokal wird nicht weiter bearbeitet. Reißen Sie die Olivenmotive großzügig aus der Serviette aus. Mit einem weichen Pinsel tragen Sie Spezialfarbe auf einem Gegenstand auf und platzieren darauf das Serviettenmotiv. Streichen Sie es von der Mitte aus glatt. Anschließend tragen Sie eine weitere Schicht transparenter Spezialfarbe über dem Serviettenmotiv auf. Beachten Sie, dass die dünne Lage der Serviette leicht einreißen kann. Auf diese Weise bearbeiten Sie Übertopf, Schüssel und Pokal nacheinander. Das Tablett wird zunächst mit weißer Acrylfarbe gestrichen. In die noch nasse weiße Farbe tupfen Sie mit einem Schwamm etwas Grün hinein. Die Ränder des Tabletts streicht man grün. Lassen Sie das Tablett gut trocknen. Reißen Sie Olivenmotive aus einer Serviette aus, und tragen Sie Spezialfarbe auf dem trockenen Tablett auf. Darauf bringen Sie die Serviettenmotive an und streichen noch einmal mit Spezialfarbe darüber.

Mohn

Material
✦ Blumenübertopf aus Terrakotta
✦ rundes Tablett aus Blech
✦ Acrylfarbe in Beige und Kupferrot
✦ Spezialfarbe in Transparent
✦ Mohn als Serviettenmotiv

Anleitung
Der Blumentopf wird mit Beige und Kupferrot grundiert. Auch das Tablett wird grundiert. Dafür streichen Sie es weiß und tupfen mit dem Schwamm Kupferrot in die noch feuchte weiße Farbe. Lassen Sie beide Gegenstände trocknen, bevor Sie weiterarbeiten. Das Motiv für den Topf schneiden Sie aus der Serviette aus, die Motive für das Tablett werden aus der Serviette herausgerissen. Anschließend arbeiten Sie bei Blumenübertopf und Tablett gleichermaßen weiter: Mit einem weichen Pinsel tragen Sie eine dünne Schicht der Spezialfarbe auf. Legen Sie die Serviettenmotive auf den vorbereiteten Untergrund, und streichen Sie sie von der Mitte aus glatt. Tragen Sie erneut Spezialfarbe auf. Gehen Sie hierbei vorsichtig vor, damit die Serviette nicht einreißt.

Toskana

Material

✦ Schlüsselschränkchen aus Holz
✦ 2 Blumenübertöpfe aus Terrakotta
✦ Buchsbaumgirlande, 1 m lang
✦ Klebepistole
✦ Acrylfarbe in Gelb und Weiß
✦ Spezialfarbe in Transparent
✦ Buchsbäumchen als Serviettenmotiv

Anleitung

Das Schlüsselschränkchen bleibt naturbelassen. Das Buchsbäumchen für die Mitte und die Bordüre für die vier Seiten werden aus Servietten ausgeschnitten. Tragen Sie eine dünne Schicht Spezialfarbe auf der Tür des Schlüsselschränkchens auf, und bringen Sie die Serviettenmotive an. Gehen Sie mit einer weiteren Schicht Spezialfarbe über die Motive.

Die Terrakottatöpfe werden weiß gestrichen. Tupfen Sie in die nasse weiße Farbe mit dem Schwamm etwas Gelb hinein. Lassen Sie die Grundierung trocknen. Schneiden Sie die Bäumchen aus Servietten aus, und fixieren Sie diese auf den Töpfen, indem Sie die gewünschten Stellen mit Spezialfarbe einstreichen. Nachdem Sie die Serviettenmotive geglättet haben, gehen Sie mit einer weiteren Schicht Spezialfarbe darüber. Ist der Farbauftrag trocken, winden Sie die Buchsbaumgirlande um die obere Topfkante und kleben die Blätter mit der Klebepistole fest.

Absender

Name

Vorname

Straße/Nr.

PLZ/Ort

Telefon Vorwahl/Rufnummer

E-mail

Antwort

The Creative Company

Englisch Verlag GmbH

Postfach 2309

D-65013 Wiesbaden

Liebe Leserin, lieber Leser,

wünschen Sie weitere Informationen?

[X] Wir senden Ihnen gerne kostenlos unser aktuelles Gesamtverzeichnis zu, wenn Sie uns diese Antwortkarte mit Ihrer Adresse zurückschicken.

Für uns vom Englisch Verlag stehen Ihre Interessen an erster Stelle, und um noch besser auf Ihre Wünsche einzugehen, möchten wir Sie um Ihre Mithilfe bitten.

Auch wenn Sie nicht alle Fragen beantworten, können Sie die Antwortkarte abschicken.

Meine Hobbies und
Interessengebiete sind:

☐ Basteln u. Werken ☐ Papier ☐ Textiles Gestalten ☐ Malen u. Zeichnen
☐ Holz ☐ Kinderbeschäftigung ☐ Dekorieren u. Feiern ☐ Kunsthandwerk

Sonstiges:

Ist dies Ihr erstes Buch aus unserem Programm? ☐ ja ☐ nein

Wie hat Ihnen dieses Buch gefallen? ☐ sehr gut ☐ gut ☐ weniger gut ☐ gar nicht

Haben Sie bereits einen Internetanschluß? ☐ ja ☐ nein Waren Sie schon auf unserer Homepage? ☐ ja ☐ nein

Mein Alter: ☐ unter 20 ☐ 20 bis 30 ☐ 30 bis 40 ☐ 40 bis 50 ☐ über 50

Ich habe Kinder. ☐ ja ☐ nein

1054/4

Der Englisch Verlag informiert

Mit jährlich rund **100 Neuerscheinungen** und ca. **300 lieferbaren Titeln** ist der Englisch Verlag einer der führenden Sachbuchverlage in den Themenbereichen Hobby & Basteln.

Wir bieten unseren Lesern neben Fachinformationen und praxisnahem Rat vor allem eines: **Anregungen und Motivideen zu allen denkbaren Hobbythemen,** und so können Sie sich auch zukünftig auf ein innovatives und **abwechslungsreiches Kreativprogramm** freuen.

Ganz gleich also, ob Sie sich für einen aktuellen Trend oder ein klassisches Hobbythema interessieren – **es lohnt sich, unser Verlagsprogramm kennenzulernen.**

 Basteln und Werken, Papier, Textiles Gestalten, Dekorieren und Feiern Frühjahr und Ostern, Advent und Weihnachten

 Kinderbeschäftigung

 Malen und Zeichnen

 Kunsthandwerk

Der Englisch Verlag im Internet

Kennen Sie schon unsere Homepage? Hier finden Sie alle Informationen rund um unser Verlagsprogramm – immer topaktuell. Und Ihren Wunschtitel finden Sie hier auch.

Stöbern Sie unverbindlich durch unsere Seiten, informieren sich über Neuerscheinungen oder finden das Kreativ-Buch, das Sie schon lange gesucht haben! Oder schicken Sie uns Anregungen oder Wünsche einfach per E-mail.

Sie finden uns unter:

http://www.englisch-verlag.de

Englisch Verlag GmbH

Töpferstraße 14

D-65191 Wiesbaden

Tel. 0611-94272-0

Fax 0611-94272-30

E-mail: info@englisch-verlag.de

Internet http://www.englisch-verlag.de

Natürlich können Sie uns auch wie immer per Telefon oder Fax erreichen.

Unser Verlagsteam freut sich über jede Anregung oder Kritik.

Sonnenblumen

Material
- Blumenübertopf aus Terrakotta
- Spanschachtel
- Holzteller
- Acrylfarbe in Gelb, Grün und Weiß
- Spezialfarbe in Transparent
- Sonnenblumen als Serviettenmotiv

Anleitung

Grundieren Sie den Deckel der Span-schachtel und den Blumenübertopf mit weißer Acrylfarbe. In die noch nasse Farbe tupfen Sie mit dem Schwamm Gelb und Grün hinein. Lassen Sie den Farbanstrich trocknen. Beim Teller tupfen Sie Gelb in die nasse weiße Farbe.

Das Sonnenblumenmotiv für die Span-schachtel wird ausgeschnitten, die Motive für den Teller und den Topf werden aus Servietten ausgerissen. Tragen Sie auf den Gegenständen dort Spezialfarbe auf, wo Sie die Motive anbringen möchten. Strei-chen Sie die Motive von der Mitte aus glatt, nachdem Sie sie fixiert haben, und tragen Sie darüber erneut eine Schicht Spezialfarbe auf.

Herbst

Indian Summer

Material
+ Holztablett
+ 2 Blumenübertöpfe aus Terrakotta, viereckig
+ Kachel in Weiß mit Aufhänger
+ Band in Braun, 60 cm lang
+ Blumenübertopf aus Terrakotta
+ Acrylfarbe in Weiß, Grün, Gelb und Brombeerrot
+ Spezialfarbe in Transparent
+ Herbstlaub und Kastanien als Serviettenmotiv

Anleitung
Das Tablett und die viereckigen Terrakotta-töpfe sind in den gleichen Farben gehalten. Streichen Sie die Gegenstände zunächst weiß. In die noch nasse weiße Farbe wird mit dem Schwamm etwas Grün hineinge-tupft. Auch der Rand des Tabletts wird grün gestrichen. Die Herbstblätter werden aus der Serviette ausgerissen und mit Hilfe der Spezialfarbe auf den getrockne-ten Töpfen und dem Ta-blett fixiert. Strei-chen Sie noch einmal mit der Spezialfarbe über die Motive. Die Kachel und der hohe runde Übertopf werden farblich etwas anders gestaltet. Streichen Sie die beiden Gegenstände zu-nächst weiß an. 
Dann tupfen Sie gelbe und brombeerrote Farbe in das nasse Weiß. Lassen Sie die

Kachel und den Übertopf trocknen. Rei-ßen Sie Blätter- und Kastanienmotive aus den Servietten heraus, und tragen Sie an den gewünschten Stellen Spezialfarbe auf den Gegenständen auf. Darauf platzieren Sie die Motive und gehen noch einmal mit Spezialfarbe darüber. Befestigen Sie den Aufhänger an der Kachel, und ziehen Sie das braune Band ein.

Garten

Material
✦ Holzbrett mit Griff
✦ Spanschachtel
✦ rundes Tablett aus Blech
✦ 3 Korkuntersetzer
✦ Blumenübertopf aus Terrakotta
✦ Reißlack
✦ Acrylfarbe in Beige und Grün
✦ Klebepistole, Karoband in Grünweiß
✦ Spezialfarbe in Transparent
✦ Enten als Serviettenmotiv

Anleitung
Alle Gegenstände werden zunächst grün gestrichen. Nach dem Trocknen tragen Sie den Reißlack gemäß der Angaben des Herstellers auf. Nur beim Tablett lassen Sie einen grünen Rand stehen. Ist der Reißlack getrocknet, streichen Sie die Gegenstände beigefarben über. Durch den Reißlack springt die obere Farbschicht auf, und durch die feinen Risse kann man die darunter liegende grüne Farbschicht erkennen. Alle Gegenstände sollten trocken sein, bevor Sie weiterarbeiten.
Schneiden Sie die Enten mit der Schere aus Servietten aus. 
Tragen Sie Spezialfarbe auf den Objekten, die Sie dekorieren möchten, auf, und platzieren Sie die Serviettenmotive. Die Motive werden von der Mitte ausgehend glatt gestrichen und noch einmal mit Spezialfarbe überstrichen.
Wenn die Farbe getrocknet ist, können Sie die Spanschachtel mit einem Karoband verschönern. Kleben Sie dieses am Rand der Schachtel mit Hilfe der Heißklebepistole an.

Spiegel

Material
✦ Spiegel im Holzrahmen
✦ Spezialfarbe in Transparent
✦ Flaschen und Kräuter als
  Serviettenmotiv

Anleitung
Reißen Sie Flaschen- und Kräutermotive großzügig aus Ihrer Serviette aus. Mit einem weichen Pinsel tragen Sie eine dünne Schicht der transparenten Spezialfarbe auf dem Holzrahmen auf, und zwar an den Stellen, die Sie mit den Serviettenmotiven dekorieren möchten. Legen Sie die Motive auf den Holzuntergrund auf, und streichen Sie die Motive von der Mitte aus glatt. Tragen Sie nun eine weitere Farbschicht über den Motiven auf. Gehen Sie hierbei vorsichtig vor, damit die Serviettenmotive nicht einreißen.

Kürbis

Material
- ✦ Bilderrahmen aus Holz
- ✦ rundes Tablett aus Blech
- ✦ Acrylfarbe in Weiß, Gelb und Grün
- ✦ Spezialfarbe in Transparent
- ✦ Kürbis als Serviettenmotiv

Anleitung

Das Tablett grundieren Sie weiß und tupfen in die feuchte Farbe etwas Grün mit dem Schwamm auf. Den Rand des Tabletts streichen Sie grün. Lassen Sie den Farbauftrag trocknen. Der Bilderrahmen wurde in einem Kunstgewerbeladen gefunden, sein Rand war bereits grün gestrichen und trug die Aufschrift „Garden". Für das innere Quadrat legt man eine Grundierung mit weißer Acrylfarbe an, in die man mit dem Schwamm gelbe und grüne Farbe hineintupft. Auch dieser Farbauftrag muss trocken sein, bevor Sie weiterarbeiten können. Reißen Sie die Kürbisse vorsichtig aus Servietten heraus, und fixieren Sie die Motive mit Spezialfarbe auf Tablett und Bilderrahmen. Die Borte für den Bilderrahmen schneiden Sie ebenfalls aus der Serviette zu und fixieren diese auf dem Rahmen. Sollte Ihre Serviette keine orangefarbenen Ränder haben, verwenden Sie einfach eine passende unifarbene Serviette. Streichen Sie mit Spezialfarbe noch einmal über die Serviettenmotive.

Efeu

Material
- ✦ Baumwolltasche
- ✦ Plastik- oder Alufolie, Backtrennpapier
- ✦ Bügeleisen
- ✦ Spezialfarbe in Transparent
- ✦ Efeuranke als Serviettenmotiv

Anleitung
Legen Sie ein Stück Plastik- oder Alufolie in die Baumwolltasche, damit sich die Spezialfarbe nicht bis auf die Rückseite durchdrücken kann. Schneiden Sie die Efeuranke aus der Serviette aus. Sie können mehrere Serviettenstücke aneinander reihen, damit sich eine längliche Form ergibt. Mit einem weichen Pinsel tragen Sie nun eine dünne Schicht der transparenten Spezialfarbe auf dem Beutel auf. Legen Sie das ausgeschnittene Serviettenmotiv auf den Stoff, und streichen Sie das Motiv von der Mitte aus glatt. Tragen Sie erneut Spezialfarbe über dem Motiv auf. Nach dem Trocknen legen Sie Backtrennpapier über das Motiv und bügeln den Stoff mit dem Bügeleisen glatt.

Winter

Silvester

Material

- ✦ Spanschachteln
- ✦ Acrylfarbe in Weiß und Gelb
- ✦ Spezialfarbe in Transparent
- ✦ Sternzeichen als Serviettenmotiv

Anleitung

Schachteln, die Sie mit Sternzeichen verzieren, sind zu Silvester ein schönes Mitbringsel. Grundieren Sie die Schachteln zuerst mit weißer Acrylfarbe. Dann tupfen Sie mit dem Schwamm in die nasse Farbe etwas Gelb hinein. Die Kanten der Deckel werden gelb gestrichen. Anschließend lassen Sie den Farbanstrich trocknen. Schneiden Sie die Sternzeichen aus den Servietten aus.

Tragen Sie eine dünne Schicht Spezialfarbe auf den Deckeln auf, und fixieren Sie darauf die ausgeschnittenen Serviettenmotive. Dann streichen Sie noch einmal mit Spezialfarbe über die Motive.

Weihnachtszeit

Material
✦ Pappschachtel in Tannenform
✦ Teller aus Porzellan in Hellbeige
✦ CD-Hülle
✦ Goldspray
✦ Spezialfarbe in Transparent
✦ Tannenbaum, Winterlandschaft und
  Weihnachtsmann als Serviettenmotiv

Anleitung
Die Pappschachtel besprühen Sie mit dem
Goldspray und lassen sie trocknen. Das
Tannenbaummotiv wird aus der Serviette
ausgeschnitten und mit Hilfe von Spezialfarbe auf dem Deckel der Schachtel angebracht. Anschließend wird noch einmal
Spezialfarbe über dem Motiv aufgetragen.
Für den Teller schneiden Sie die Winterlandschaft aus einer Serviette aus. Tragen
Sie mit einem weichen Pinsel eine dünne
Schicht Spezialfarbe auf dem Teller auf,
und legen Sie das Serviettenmotiv auf den
vorbereiteten Untergrund. Streichen Sie
das Motiv von der Mitte aus glatt. Tragen
Sie nun noch einmal etwas Farbe über
dem Motiv auf. Seien Sie dabei vorsichtig,
damit die Serviette nicht einreißt.
Das Weihnachtsmotiv für die CD-Hülle
schneiden Sie ebenfalls mit der Schere
aus. Mit einem weichen Pinsel tragen Sie
eine dünne Schicht Spezialfarbe auf der
Hülle auf und legen das Motiv
auf den Untergrund. Streichen Sie es von der Mitte
aus glatt. Tragen Sie eine
weitere Schicht Spezial-
farbe über dem Motiv
auf, und achten Sie
dabei darauf, dass das
Motiv nicht einreißt.

Kunterbuntes Kinderzimmer

Spielkiste

Material
- Holzkiste
- Acrylfarbe in Weiß
- Karoband in Blauweiß
- Klebepistole
- Spezialfarbe in Transparent
- Matrosen als Serviettenmotiv

Anleitung

Streichen Sie die Kiste zunächst weiß an. Bevor Sie weiterarbeiten, muss die Kiste trocken sein. Kleben Sie das Karoband mit Hilfe der Klebepistole auf die obere Kante. Die Matrosenmotive werden aus Servietten ausgeschnitten und dann auf dem Untergrund fixiert, den Sie zuvor mit einer dünnen Schicht Spezialfarbe eingestrichen haben.

Glätten Sie die Motive von der Mitte aus zum äußeren Rand hin. Dann tragen Sie nochmals eine Schicht Spezialfarbe auf.

Fröhliche Schreibtischgarnitur

Material

+ dreiteiliges Schreibtischset aus Pappe (im Hobbyfachhandel erhältlich)
+ Bilderrahmen mit Passpartout
+ Pflasterstein
+ Acrylfarbe in Blau und Weiß
+ Spezialfarbe in Transparent
+ Teddybären und maritime Bilder als Serviettenmotiv

Anleitung

Das Schreibtischset, bestehend aus zwei Papierbehältern und Stiftbecher, wird weiß gestrichen. In die nasse Farbe tupfen Sie mit dem Schwamm etwas Blau ein. Lassen Sie die Gegenstände trocknen, und arbeiten Sie danach weiter. Die Motive werden aus den Servietten ausgeschnitten und mit Hilfe der Spezialfarbe auf den Gegenständen angebracht. Tragen Sie dazu eine dünne Farbschicht auf den Gegenständen auf, legen darauf das Serviettenmotiv und streichen es glatt. Dann gehen Sie mit einer zweiten Schicht Spezialfarbe darüber. Für den Bilderrahmen schneiden Sie die Teddys so groß aus der Serviette aus, dass sie genau in das Passpartout hineinpassen. Tragen Sie Spezialfarbe auf, und platzieren Sie das Serviettenmotiv. Streichen Sie das Motiv glatt, und gehen Sie noch einmal mit Spezialfarbe darüber. Nach dem Trocknen können Sie das Motiv rahmen. Einen Pflasterstein kann man zu einem lustigen Briefbeschwerer umfunktionieren. Tragen Sie dort Spezialfarbe auf dem Stein auf, wo Sie das ausgeschnittene Bärenmotiv anbringen wollen. Fixieren Sie das Motiv, und streichen Sie es von der Mitte aus glatt. Dann tragen Sie eine weitere Schicht Spezialfarbe auf und achten darauf, dass das Serviettenmotiv nicht einreißt.

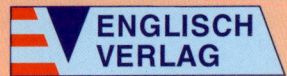